I0070355

THÈSE

POUR

LA LICENCE EN DROIT.

A ma Grand'Mère.

A MON PÈRE, A MA MÈRE, A MA SOEUR.

Faculté de Droit de Toulouse.

ACTE PUBLIC

POUR LA LICENCE,

en exécution de l'art. 4, tit. 2 de la loi du 22 Ventôse an XII.

SOUTENU

PAR M. CORNAC (EMMANUEL),

né à Montauban (Tarn-et-Garonne).

JUS ROMANUM.

Inst. Just., lib. II, tit. XXIII et XXIV.

DE FIDEICOMMISSARIIS HEREDITATIBUS ET DE SINGULIS REBUS PER FIDEICOMMISSUM RELICTIS.

Fideicommissum est quod non civilibus verbis, sed precativè relinquitur; fideicommissum est, vel universale, vel singulare : videamus primùm de hereditatibus fideicommissariis, deindè de singulis rebus per fideicommissum relictis.

1844

§ 1. *De fideicommissariis hereditatibus.*

Universalia fideicommissa sunt quando hereditas, ejusve pars relinquitur verbis precativis tituloque universali. In fideicommissis adesse debent : 1.° Fideicommittens; 2.° heres fiduciarius, qui rogetur ut restituat, quique stricto jure heres permanet etiam facta restitutione ; 3.° fideicommissarius cui hereditas è fideicommisso restituenda.

Fideicommitti potest, non solum in testamento, verùm etiam ab intestato. Heredes enim legitimos testator satis honoravit, dum hereditatem eis non adimit quùm adimere potuisset.

Circa formam fideicommissi distinguendum est : si in testamento relinquatur, testamentum debet esse ritè peractum ; si ab intestato, codicillis, vel etiam præsentibus quinque testibus potest confici. Hereditas per fideicommissum non modo purè et sub conditione, verum etiam quod in directa institutione non licet, ex certo die relinqui potest, quia sic testator non pro parte temporis testatus, pro parte intestatus decedit.

Quandoquidem fideicommissa verbis precativis relinquuntur, ea vero, nisi accedat promissio, obligationem non producunt. Indè colligebant veteres fiduciarium nullo vinculo juris, sed solo pudore ad præstandum fideicommissum adstringi. Sed propter exempla perfidiæ fiduciariorum fideicommissi restitutionem negantium, necessitatem juris addidit Augustus, consulibusque id dedit negotii, ut fiduciarios heredes fideicommissa præstare cogerent. Posteà duos prætores fideicommissarios constituit Claudius, è quibus Titus unum detraxit. Sed quia jure nostro qui semel heres extitit non potest desinere heres esse, quamquam restituta tota hereditate, nudum tantum nomen heredis retinet, adeòque omne æs alienum solvere tenetur, eveniebat ut recusa-

rent heredes pro nullo aut minimo lucro hereditates aliis resti-
tuendas adire et creditoribus obligari. Hinc primò sub Nerone
conditum senatusconsultum Trebellianum, « eoque cautum ut si
hereditas ex causa fideicommissi restituta sit, omnes actiones ,
quæ jure civili heredi vel in heredem competerent, ei et in eum,
cui ex fideicommisso restituta sit hereditas, darentur.» (§. 4. h. t.)

Quia nec sic quidem ullum lucrum ad heredem redibat, et hinc
nihilominus fideicommissa pleraque extinguebantur, sub Ves-
pasiano, Pegaso et Pusione consulibus, Pegasiano, S. C. cautum,
ut rogatus « hereditatem restituere, perindè quartam retinere
posset, ac ex legatis per legem falcidiam (§ 5. h. t.) et si quis
hoc lucrum adspernatus adire nollet, is ad adeundum restituen-
dumque cogeretur. » (§ 6. h. t.)

Ergo is restituere solebat hereditatem ex S. C. Trebelliano ,
cui quarta salva erat , et tunc in utrumque dabantur actiones
hereditariæ prorata portionis ad utrumque pervenientis, verò
is ex S. C. Pegasiano cui quarta salva non erat, detractâ quartâ,
hereditatem restituebat, et stipulationibus interpositis, quotam
partem æris alieni solvere teneretur, sibi cavebat.

Sed imperator Justinianus omnem S. C. Trebelliano auctorita-
tem attribuit, exploso Pegasiano, vel potiùs ita in unum utrumque conflavit, ut retento nomine S. C. Trebelliani utriusque
materia conjungeretur. Indè, ut hodiè fiduciario, quartam partem hereditatis quæ olim Pegasiana, nunc Trebellianica vocatur,
salvam non habenti, semper eam liceat retinere, vel errore facti
solutam repetere; imputatis tamen in hanc quartam omnibus
quocumque titulo , à defuncto acceptis etiam fructibus ante restitutionem perceptis, secus, ac in quarta falcidia. Ex eodem fluit
semper hodiè fiduciarium et fideicommissarium prorata dividi
inter heredem, obligationes tum activas, tum passivas, deniquè

ut semper hodiè heres fiduciarius possit ad adeundam et resti-
tuendam hereditatem.

Quùm ea quarta Trebellianica ad exemplum falcidiæ inventa
sit, iisdem ferè casibus cessat quibus falcidia.

§ 2.° *De singulis rebus per fideicommissum relictis.*

Illud fideicommissum singulare, in quo non hereditas nec pars
ejus, sed tantum aliqua res, corpus certum relinquitur, veluti
fundus, argentum sive homo, etc. (tit. XXIV, ad prœmium..)

Ante Justinianum multæ erant affinitates, multæ etiam dif-
ferentiæ inter legatum et fideicommissum singulare , quæ diffe-
rentiæ sublatæ sunt per exequationem legatorum fideicommissis.

De fideicommisso, rei alienæ, heredis aut legatarii agitur in §
1°. nostri tituli, cujus verba nullo egent commentario. Sufficiat
tantum hìc notare juxta § 2°., ibidem libertatem quoque servo per
fideicommissum dari posse, et denique verba precativa quæ in
Justiniano scripta sunt, (§ 3°. ibid.) eadem esse in fideicommisso
singulari, ac in hereditatibus fideicommissariis.

CODE CIVIL.

DES PRIVILÈGES ET HYPOTHÈQUES

(Art. 2114 à 2156.)

DES HYPOTHÈQUES.

Ce fut le droit prétorien, si fécond en équitables innovations, qui établit qu'une simple convention suffirait pour que le débiteur engageât son fonds, sans en abandonner la possession, à condition toutefois de devoir en être dessaisi en cas de non paiement au temps fixé par ce contrat. Cet établissement du droit honoraire fut emprunté à la civilisation grecque, qui désignait cette convention sous le nom υποθηκη.

L'hypothèque, dit le Code civil, est un droit réel sur les immeubles affectés à l'acquittement d'une obligation; elle est indivisible et suit les immeubles, en quelques mains qu'ils passent. Plusieurs auteurs ont trouvé cette définition défectueuse : puisque l'hypothèque, disent-ils, est un droit réel, *jus in re*, il était superflu de dire que l'hypothèque suivait l'immeuble, n'importe dans quelles mains il pût se trouver; ensuite, il n'y est pas question de la possession de l'immeuble que conserve le débiteur : mais quelle est la définition qui ne rappelle pas le viel adage *omnis difinitio periculosa in jure*.

L'hypothèque, il est vrai, est du droit des gens, mais elle ne peut s'acquérir que par le droit civil; aussi le Code dit-il que l'hypothèque n'a lieu que suivant les formes autorisées par la loi. L'hypothèque est légale, judiciaire, conventionnelle, suivant qu'elle dérive de la loi, des jugements ou actes judiciaires, ou des conventions.

Dans le droit romain les meubles pouvaient être hypothéqués; on y tenait pour règle générale que tout ce qui pouvait se vendre pouvait être aussi grevé d'hypothèque. En France, au contraire, c'était une vieille règle du droit coutumier, que les meubles n'ont pas de suite par hypothèque : ils n'y avait que les immeubles qui fussent soumis au droit de suite par hypothèque. La suite par hypothèque a lieu, dit Loyseau, quand un créancier suit son hypothèque contre l'acquéreur : il ne faut pas la confondre avec l'exécution ou saisie, car la saisie peut être faite par un créancier non hypothécaire. Sous l'empire de notre Code civil les biens immobiliers sont seuls susceptibles d'hypothèque; il en est de même des accessoires réputés immeubles, ainsi que de l'usufruit des mêmes biens.

Le Code civil nous avertit qu'il n'est rien innové aux dispositions des lois maritimes concernant les navires, les bâtiments de mer; j'ajouterai, seulement, que les navires et autres bâtiments de mer sont meubles, et que pour eux la saisie est soumise à des formalités particulières.

SECTION I.

Hypothèques légales.

L'hypothèque légale est celle qui résulte de la loi: elle n'a pas besoin de la convention pour être établie. Lorsque la loi donne hypothèque légale, elle feint qu'il y a convention de la part des parties contractantes, elle veut que l'hypothèque existe comme si elle eût été stipulée ; plus favorable à l'hypothèque légale, la loi lui donne plus d'étendue et plus de privilège qu'à l'hypothèque conventionnelle. Dans le Digeste nous pourrions voir combien étaient nombreux les cas où la loi accordait l'hypothèque légale : Neguzantius en a compté vingt-six, dont la plupart ont été classés dans les privilèges :

1.° La première cause pour laquelle la loi attribue hypothèque légale est celle des dots, conventions et apports matrimoniaux des femmes mariées sous le régime dotal et sous le régime de la communauté. L'art. 2135 semble limiter les droits et créances de la femme, pour lesquels la loi attribue hypothèque légale, à la dot et aux conventions matrimoniales, aux sommes provenant de succession ou donation, de l'indemnité des dettes contractées avec le mari, et du remploi des propres aliénés ; cependant je crois qu'il est trop restrictif. Troplong n'hésite pas à dire que la femme a une hypothèque légale pour la répétition de ses biens extra-dotaux : en effet, comment peut-on soutenir l'opinion contraire en présence de notre article, qui attribue hypothèque légale aux *droits et créances* des femmes. Les répétitions extra-dotales ne constituent-elles donc pas des créances au profit des femmes ? et où voit-on que les rédacteurs du Code civil ont voulu modifier en ce point l'ancienne jurisprudence, basée sur la loi romaine.

2.° L'hypothèque légale est attribuée aux droits et créances des mineurs et des interdits sur les biens de leurs tuteurs ; l'hypothèque légale a lieu en faveur des mineurs pour tout ce qui se réfère à la gestion et constitue un droit ou une créance : elle s'étend à ce que le tuteur a mal fait, comme vente indue des biens pupillaires ; elle assure le recouvrement de l'indemnité pour les aliénations des immeubles du mineur ; elle a même lieu pour ce que le tuteur a négligé de faire au détriment du pupille : la loi la donne, non seulement pour les reliquats de compte de tuteur, mais pour les accessoires. Le protuteur dont il est question dans l'art. 417 du Code civil, est tuteur dans toute l'étendue du terme : il est donc soumis à l'hypothèque légale.

3.° L'hypothèque légale est attribuée aux droits et créances de l'État, des communes, des établissements publics sur les biens des receveurs et administrateurs comptables. D'après une déclaration du mois d'octobre 1648, les biens des financiers, même ceux donnés à leurs enfants, étaient sujets à leurs dettes envers le roi, et tacitement hypothéqués du jour de leur gestion : telle est l'origine de notre article en ce qui concerne l'hypothèque légale de l'État, des communes et établissements publics. On doit entendre sous le nom de comptables ceux qui manient ou ont manié les deniers publics : tels sont les receveurs généraux, les receveurs des contributions indirectes, les payeurs, les receveurs des communes et des hospices, etc. Les percepteurs ne peuvent être soumis à l'hypothèque légale : la loi du 5 septembre 1807, qui désigne ceux qui doivent être considérés comme comptables, ne parle nullement des percepteurs, et un arrêt de la cour royale de Colmar, du 10 juillet 1820, a décidé dans le même sens.

Ces trois sortes d'hypothèques ont cela de commun, qu'elles frappent en général tous les immeubles présents et à venir.

SECTION II.

Des hypothèques judiciaires.

L'hypothèque judiciaire est celle qui résulte des jugements rendus par les tribunaux français, et des actes judiciaires, n'importe que les jugements soient contradictoires ou par défaut, provisoires ou définitifs. Tout jugement quelconque, dit M. Tarrible, n'engendre pas une hypothèque; il n'y a que les jugements qui condamnent à une obligation qui puissent produire cet effet. Cet en vain que, pour donner plus de latitude à l'art. 2123, on argumenterait de l'art. 2117, qui fait résulter l'hypothèque des jugements ou actes judiciaires; car, par ces derniers mots, le législateur n'a voulu faire allusion qu'aux reconnaissances ou vérifications faites en jugements, ou aux ordonnances judiciaires d'exécution des sentences arbitrales, conformément à l'art. 2123.

Tous les biens présents et à venir du débiteur seront tacitement frappés d'hypothèque par suite de ces sentences: seulement cette hypothèque est soumise à l'inscription, car la loi a voulu que l'hypothèque fût publique; et, pour être conséquente avec elle-même, elle a restreint autant que possible le nombre des hypothèques occultes, cette exception n'étant accordée qu'aux mineurs, aux interdits, et aux femmes mariées.

L'hypothèque ne peut pareillement résulter des jugements rendus en pays étrangers qu'autant qu'ils ont été déclarés exécutoires par un tribunal français; quant aux jugements rendus par des arbitres étrangers, il suffit qu'ils soient munis du *pareatis;* le

3

jugement rendu en pays étrangers par un consul français en est dispensé; en effet, il émane d'un magistrat français. Ces dispositions ont lieu sans préjudice des dispositions contraires dans les lois politiques et dans les traités; je pourrais citer trois traités avec le corps helvétique, l'un du 1.ᵉʳ juin 1658, un autre du 28 mai 1777, enfin un du 2 fructidor an VI, et un traité avec le roi de Sardaigne, à la date du 14 mai 1760.

SECTION III.

Des hypothèques conventionnelles.

L'hypothèque conventionnelle dépend des conventions on des formes extérieures des actes et contrats: aussi la convention d'hypothèque est-elle soumise aux conditions requises pour la validité de tous les contrats; en outre, l'hypothèque étant une aliénation d'une portion du domaine de la chose, ne peut être consentie que par ceux qui ont la capacité d'aliéner. La femme, dit l'art. 217, même non commune ou séparée de biens, ne peut donner, aliéner, hypothéquer, etc., sans le concours de son mari dans l'acte, ou son consentement par écrit; la femme mariée sous le régime dotal ne peut aliéner le fonds dotal, même avec l'autorisation de son mari, fût-elle marchande publique. Lorsqu'une femme mariée, commune ou non commune, hypothèque ses biens sans l'autorisation de son mari, elle est admise à faire annuler cette hypothèque; le mari a le même droit, ainsi que les héritiers de l'un et de l'autre. — Les communes, les établissements publics, ne peuvent hypothéquer sans y être autorisés par une ordonnance royale.

– Nul ne peut transmettre à autrui plus de droit qu'il en a lui-même; par conséquent, si le droit de celui qui a conféré hypothèque est suspendu par une condition, l'hypothèque doit être subordonnée à la même condition; il en est de même pour le cas d'une condition résolutoire, ou pour le cas d'une cause de rescision.

L'hypothèque suit toujours le sort de l'obligation principale; si la condition est casuelle ou mixte, elle rétroagit au jour du contrat, et l'hypothèque est valable de ce jour; si la condition est potestative, elle ne rétroagit pas: l'hypothèque n'a d'effet que du jour de l'accomplissement de la condition. La condition est-elle résolutoire? résolvant l'obligation, elle résout l'hypothèque qui est l'accessoire. Par suite du même principe, les immeubles du mineur ou des interdits, ceux des absents jusqu'à l'envoi définitif, n'étant pas susceptibles d'aliénation volontaire, ne peuvent être grevés d'hypothèque conventionnelle. La loi a dû environner le mineur de formalités protectrices, pour le mettre à l'abri des pièges de la mauvaise foi; nous avons vu, art. 457 du Code civil, que le tuteur, même le père ou la mère, ne peut consentir une hypothèque sur les biens-immeubles du mineur, sans y être autorisé par le conseil de famille. Les mêmes formalités sont imposées aux mineurs émancipés. Quant aux interdits, leur position est semblable à celle des mineurs. Ceux à qui les tribunaux ont donné un conseil judiciaire, comme les prodigues, etc., ne peuvent hypothéquer leurs biens sans l'assistance de leur conseil. Nous voyons dans l'art. 6 du Code de commerce, le mineur marchand dans une position exceptionnelle, puisqu'il peut seul hypothéquer ses biens immobiliers. Il nous reste à parler des absents. Dans l'art. 128 il est dit, d'une manière positive, que les parents qui jouissent des biens des absents, par

suite de l'envoi en possession provisoire, ne peuvent hypothéquer ces mêmes biens : les tiers n'ont d'autre ressource que d'ac-
tionner devant les tribunaux les envoyés en possession provisoire,
et d'obtenir contre eux des jugements qui emporteront hypothèque judiciaire.

Dans notre ancienne législation l'hypothèque résultait de
tout acte authentique; elle était générale de plein droit: aujour-
d'hui l'hypothèque conventionnelle est spéciale; il faut qu'elle
soit stipulée dans un acte passé, en forme authentique, devant
deux notaires ou devant un notaire et deux témoins. L'hypothèque conventionnelle peut, sans contredit, être consentie par un
procureur fondé; mais la procuration doit-elle être faite sous
forme authentique? Merlin soutient, contre un arrêt de la cour
de cassation, du 27 mai 1819, qu'une procuration doit être authentique. Je crois que la meilleure réponse à cette question se
trouve dans l'arrêt que j'ai cité. En effet, le mandat exprès à
l'effet de consentir une hypothèque, et l'acte constitutif de l'hypothèque, sont deux choses tout-à-fait différentes : le mandat peut
être donné sous signature privée: il est donc suffisant, pourvu
toutefois que l'acte constitutif d'hypothèque soit fait sous forme
authentique.

L'hypothèque, quant à la manière de l'acquérir, est de droit
civil; elle ne peu découler que d'actes à qui le droit civil a attribué la vertu de la produire; les actes passés en pays étrangers
sont, comme le dit Pothier, *une autorité de créance*, mais ils
n'ont pas une autorité publique de *pouvoir*, qui est nécessaire
pour imprimer le droit d'hypothèque sur les biens des contrac-
tants: nous n'admettons, en France, d'autorité publique que
celle qui émane du roi.

Si l'acte constitutif de l'hypothèque, soit que cette constitution se trouve dans le titre même de la créance ou dans un acte séparé postérieur, doit, à peine de nullité, désigner les biens soumis à l'hypothèque, et pour cela déclarer leur nature et leur situation, les biens doivent naturellement appartenir à celui qui consent l'hypothèque, car on ne peut hypothéquer spécialement un bien dont on n'est pas actuellement propriétaire. Il est évident, du reste, que le principe de spécialité ne s'oppose nullement à ce que tous les biens présents du débiteur soient soumis à l'hypothèque. Le Code civil prohibe l'hypothèque conventionnelle des biens à venir; par conséquent, l'hypothèque générale conventionnelle est prohibée, puisqu'elle comprend l'hypothèque des biens à venir.

La spécialité prépare l'inscription, l'inscription assure la publicité.

L'art. 2130 contient l'exception au principe qu'on ne peut hypothéquer les biens à venir; il permet que, dans le cas d'insuffisance des biens présents, le débiteur hypothèque les biens qu'il acquerra par la suite, au fur et à mesure des acquisitions.

Cette modification a été admise en faveur du créancier et du débiteur. On s'est demandé si le débiteur, dans le cas du présent article, peut hypothéquer les biens qu'il attend d'une succession future: la cour royale de Rouen, dans un arrêt du 8 août 1820, a résolu, avec raison, négativement; peut-on, en présence des art. 791 et 1139 du Code civil, agiter sérieusement une pareille controverse? Par une autre dérogation au principe de la spécialité, la loi pourvoit aussi au cas où les biens présents, assujettis à l'hypothèque, deviendraient insuffisants par perte ou dégradations; elle autorise alors le créancier à poursuivre son remboursement ou à obtenir un supplément d'hypothèque.

Il faut que la somme pour laquelle l'hypothèque est consentie

4

soit certaine et déterminée par l'acte. Cependant, si la créance est indéterminée de sa nature, l'hypothèque a toujours lieu, mais le créancier ne peut acquérir l'inscription que jusqu'à concurrence d'une évaluation fixé faite par lui, et qui, en cas d'excès, peut être réduite sur la demande du débiteur.

Il est clair que la spécialité d'hypothèque n'empêche pas le créancier de profiter des améliorations survenues sur les biens hypothéqués.

SECTION IV.

Du rang que les hypothèques ont entre elles.

La publicité est la base de notre système hypothécaire; la loi du 9 messidor an III fut la première qui établit la publicité de l'hypothèque: elle voulut que tout titre conférant hypothèque fût inscrit chez le conservateur; nous voyons l'art. 2134 faire dépendre la préférence des hypothèques de l'inscription. Toutes les hypothèques, tant légales que conventionnelles et judiciaires, sont soumises à l'inscription; cependant certaines hypothèques légales existent indépendamment de toute inscription. Cette dernière n'est pas abandonnée pour les femmes au caprice des parties; aussi le législateur a pris soin d'indiquer les solennités par lesquelles s'établit la publicité.

La faveur accordée aux mineurs, aux interdits, aux femmes mariées, se justifie en partie par la publicité des qualités de mari et de tuteur; elle repose principalement sur l'importance des droits à conserver et sur la position particulière des créanciers dont il s'agit, par rapport à leur débiteur. L'hypothèque légale

existe au profit des mineurs et des interdits à dater du jour
de l'acceptation de la tutelle, car c'est de cette époque que
naissent les obligations du tuteur envers le pupille. Quant
aux femmes mariées, il faut distinguer: s'il s'agit de leur dot et
de l'exécution des conventions matrimoniales, l'hypothèque
date du jour de la célébration du mariage; cependant, quelle ar-
gumentation faut-il tirer de l'art. 2194 et 2195? et cette règle
doit s'appliquer au cas où un terme postérieur à la célébration
du mariage serait apposé au paiement de la dot. Dans le cas où
sont dues les sommes dotales provenant de successions échues ou
de donations faites pendant le mariage, pour indemnités de dettes contractées avec le mari, pour remploi de propres aliénés, la
loi, pour ne pas détruire absolument le crédit des maris, dans
ces cas n'accorde rang à l'hypothèque que du jour de l'évènement qui donne lieu à l'obligation, c'est-à-dire pour les successions, du jour de leur ouverture; pour les donations, du jour
qu'elles ont eu leur effet; pour l'indemnité des dettes, du jour
de l'obligation; pour le remploi, du jour de la vente. On a douté
si l'hypothèque de la femme ou du mineur continuerait à jouir
de la dispense d'inscription après la dissolution du mariage ou
la fin de la tutelle; dans le silence de la loi, qui ne fixe aucun
délai pour prendre inscription, l'affirmative a été décidée par arrêt du conseil d'état, du 8 mai 1812.

L'hypothèque légale des femmes et des mineurs n'est pas absolument dispensée d'inscription: ce n'est que dans l'intérêt des
femmes et des mineurs que cette dispense d'inscription a été introduite; en sorte que le défaut d'inscription ne peut leur être
opposé que lorsqu'ils ont été mis en demeure de l'inscrire par les
formalités nécessaires à la purge des hypothèques légales. La loi
a voulu que les maris et les tuteurs fissent connaître, par la voie

de l'inscription, les hypothèques légales qui grèvent leurs biens;
elle exige qu'ils requièrent inscription sans aucun délai; bien
plus, elle veut que les maris ou tuteurs soient réputés stelliona-
taires pour le seul fait d'avoir consenti et d'avoir laissé prendre
un privilège et une hypothèque, sans déclaration expresse de
l'hypothèque légale qu'ils auraient omis de faire inscrire. La loi,
pour mieux s'assurer de l'exécution de ces dispositions, étend à
diverses personnes le devoir ou du moins le droit d'y faire pro-
céder: ces personnes sont le subrogé-tuteur, le procureur du roi,
les parents ou amis, les femmes ou les mineurs eux-mêmes; mais
il faut observer: 1.º que, pour le subrogé-tuteur et même pour
le procureur du roi, il y a obligation; et pour les autres personnes, simple faculté; 2.º que la responsabilité, suite naturelle de
l'obligation, n'est expressément appliquée qu'au subrogé-tuteur;
3.º que la faculté n'est accordée aux amis que pour l'hypothèque
des mineurs: l'art. 2140 a pour but de ramener l'hypothèque des
femmes à la spécialité, toutes les fois que leurs intérêts n'y sont
pas opposés. Nous savons que la spécialité est la base de notre
système hypothécaire: ce n'est que par de grands motifs de faveur que la loi s'en est écartée à l'égard des femmes mariées et
des mineurs; ici elle cherche à s'en rapprocher; elle fait un appel à la spécialité, lorsque le mari présente à sa femme des ga-
ranties suffisantes.

Mais quoique la femme majeure puisse, dans son contrat de mariage, limiter son hypothèque et la réduire à une hypothèque
spéciale, elle ne peut renoncer, d'une manière absolue, à son hypothèque légale en faveur de son mari; mais il faut que la stipulation d'un affranchissement pareil soit formelle, car on n'est pas
censé renoncer à ses droits. On peut appliquer au tuteur,
pour l'hypothèque du mineur, la même règle, sauf qu'ici, au

lieu d'une convention, c'est un avis des parents, en conseil de famille, qui opère la restriction; il est évident que dans les cas des deux articles précédents, le mari, le tuteur et le subrogé-tuteur, ne sont tenus de requérir inscription que sur les immeubles indiqués. Lorsque l'hypothèque générale excède notoirement les sûretés suffisantes, la restriction peut aussi être ordonnée par jugement pendant la durée du mariage ou de la tutelle. La demande du tuteur, à cet effet, doit être précédée d'un avis de famille et dirigée contre le subrogé-tuteur; celle du mari doit être formée du consentement de la femme et précédée aussi de l'avis d'un conseil de famille, extraordinairement composé des quatre plus proches parents de celle-ci; dans ces deux cas le jugement est rendu sur les conclusions du ministère public.

Le jugement qui prononce la réduction éteignant l'hypothèque sur une partie des biens, il est clair que les inscriptions prises sur ces biens sont rayées.

DU MODE D'INSCRIPTION DES PRIVILÈGES ET HYPOTHÈQUES.

L'inscription étant destinée à faire connaître les charges qui pèsent sur chaque immeuble du débiteur, il est naturel qu'elle soit faite au bureau de la situation; de là, l'hypothèque portant sur des biens situés dans le ressort de divers bureaux, doit être inscrite autant de fois qu'il y a de bureaux différents. La loi ne détermine aucun délai pour l'inscrire; elle s'en rapporte à la diligence du créancier hypothécaire, qui, sachant que son hypothèque est inefficace tant qu'elle n'est pas inscrite, doit s'empresser de la faire inscrire dans le plus bref délai, afin de lui assurer un rang utile. Il arrive une époque où les créanciers sont mis en demeure dans un délai déterminé: c'est lorsqu'un tiers acqué-

reur veut purger les hypothèques existantes sur les biens qu'il
acquiert; ces créanciers doivent, à peine de déchéance, s'inscrire
dans la quinzaine de la transcription de la vente volontaire; et
d'après les art. 2194 et 2195 du Code civil, les hypothèques léga-
des mineurs et des femmes mariées doivent être inscrites dans
les deux mois de l'exposition du contract translatif de propriété,
sans quoi l'immeuble demeure purgé de ces hypothèques; en cas
de faillite, nul droit d'hypothèque ne pourra être acquis dans les
dix jours qui précèdent la cessation de paiements (art. 446 du
Code de commerce, et 2148 du Code civil); les créanciers d'une succession bénéficiaire ne pourront, depuis l'ouverture de la succession, prendre inscription sur les biens qui la composent : en
effet, l'état des affaires du défunt est réglé par la mort, et dès ce
moment les dettes ne peuvent augmenter ni diminuer; les créanciers ne peuvent non plus acquérir hypothèque sur les biens de
l'héritier bénéficiaire, puisqu'il n'est lui-même que simple dépo-
sitaire, administrateur de la succession. Pour prévenir les fraudes,
il ne dépend pas du conservateur, dont les registres ne sont ar-
rêtés que jour par jour, de favoriser arbitrairement l'un de plusieurs créanciers inscrits le même jour : il n'est admis entre les
créanciers aucune priorité.

Pour la forme de l'inscription il faut distinguer : si l'hypothèque est judiciaire ou conventionnelle, l'inscription a lieu de la
manière suivante :

Le créancier présente ou fait présenter par un tiers au conservateur des hypothèques, l'original en brevet ou en expédition
authentique du jugemént ou de l'acte qui donne naissance au
privilège ou à l'hypothèque; il y joint deux bordereaux écrits
sur papier timbré (l'un des bordereaux peut être porté sur l'expédition du titre); ils doivent contenir :

1.° Les noms, prénoms et domicile du créancier; la profession, s'il en a une; et s'il est domicilié hors l'arrondissement du bureau, l'élection d'un domicile pour lui dans un lieu quelconque dudit arrondissement.

2.° Les noms, prénoms et domicile du débiteur; la profession s'il en a une connue, ou d'une désignation individuelle spéciale, telle que le conservateur puisse toujours le reconnaître et le distinguer.

3.° La date et la nature du titre.

4.° Le montant du capital des créances exprimées dans le titre: s'il s'agit de rentes, prestations, ou de droits indéterminés, l'inscrivant doit en faire l'évaluation dans le bordereau.

5.° Le montant des accessoires de ces capitaux, et l'époque de l'exigibilité, s'il s'agit d'un capital produisant intérêt. Le créancier a droit de se faire colloquer pour deux années d'arrérage et la courante, sauf à prendre, pour le surplus de ceux qui pourraient lui être dus par la suite, des inscriptions particulières, qui n'auront d'effet, il est vrai, qu'à partir de leur date.

6.° L'indication de l'espèce, de la situation des biens sur lesquels l'inscription doit frapper; mais cette dernière disposition ne s'applique point aux hypothèques judiciaires : une seule inscription frappe indistinctement tous les immeubles situés dans l'arrondissement du bureau; il en est de même de l'hypothèque légale.

Si l'hypothèque est légale, il suffit de présenter deux bordereaux contenant : 1.° Les noms, prénoms; profession, domicile réel du créancier, ainsi que celui d'élection de domicile s'il y a lieu.

2.° Les noms, prénoms, profession, domicile ou indication précise du débiteur.

3.° La nature des droits à conserver, et le montant de leur

valeur quant aux droits déterminés, sans qu'il soit besoin d'évaluer ceux indéterminés.

S'il arrive que l'inscription soit prise après le décès du débiteur, l'inscrivant ne sera pas obligé de désigner individuellement les héritiers, qu'il peut ne pas connaître; il suffit de désigner le défunt.

Après la remise des pièces au conservateur, il fait mention sur son registre du contenu aux bordereaux, et remet au requérant inscription le titre ou l'expédition du titre s'il lui a été représenté, et, en outre, l'un des bordereaux au pied duquel il certifie avoir fait l'inscription.

Le créancier, ses représentants ou cessionnaires par acte authentique peuvent, à leur volonté, changer sur le registre du conservateur le domicile élu en premier lieu, à la charge d'en choisir un autre dans l'arrondissement; toutes les actions auxquelles les inscriptions peuvent donner lieu contre eux sont valablement intentées par exploit, devant le tribunal compétent, fait à la personne, au dernier domicile élu sur le registre, et ce nonobstant le décès, soit du créancier ou de ses ayant-cause, soit de ceux chez lesquels il a été fait élection de domicile.

Les frais de l'inscription sont à la charge du débiteur, s'il n'y a stipulation contraire, mais l'avance en est faite par l'inscrivant, en ce qui concerne les hypothèques légales, pour l'inscription desquelles le conservateur a son recours contre le débiteur.

L'inscription prise dans les formes que nous venons de voir, conserve l'hypothèque et le privilège pendant dix années, à compter du jour de la date; son effet cesse si elle n'a pas été renouvelée avant l'expiration de ce délai.

CODE

DE PROCÉDURE CIVILE.

DES JUGEMENTS SUR LES ACTIONS POSSESSOIRES.

(Partie I.re, livre I.er, tome IV.me.)

Domat définit ainsi l'action possessoire :

« Celui qui était en possession d'un fonds ou de quelque droit,
« et qui y est troublé ou qui en est dépouillé, peut intenter
« l'action possessoire pour être maintenu dans sa possession s'il
« y est troublé, ou pour la recouvrer s'il l'a perdue. »

Ces sortes d'actions étaient connues dans le droit romain sous
le nom d'*interdits*, lesquels étaient divisés en plusieurs classes,
et recevaient diverses dénominations, dont les plus usitées étaient
celles de : *quorum bonorum, uti possidetis et undè vi.* (Voy. Inst.,
liv. IV, tit. 15, et les titres correspondants du Digeste). Ces deux
derniers ont seuls passé dans le droit français, et dans l'usage des
tribunaux sont plus particulièrement connus sous la dénomi-
nation de *complainte* et de *réintégrande*. Introduite d'abord dans
la jurisprudence française, l'action possessoire passa dans la cou-
tume de Paris et dans l'ordonnance de 1667, sous le titre de
complainte en cas de *saisine* et de *nouvelleté*.

La loi du 24 août 1790 a attribué aux juges de paix la con-

6

naissance de toutes les actions possessoires indistinctement. Le Code de procédure, en maintenant cette attribution, que la loi du 25 mai 1838 a également confirmée dans son art. 6, §. 1:er, a établi des règles précises qui déterminent la nature et le caractère des actions possessoires, et fixent le mode dans lequel elles devront être intentées; ces règles ont été toutes puisées dans l'ordonnance de 1667, dont les dispositions étaient en grande partie tirées du droit romain, ainsi qu'on l'a exposé plus haut. — Nous examinerons maintenant, en peu de mots, les prescriptions du Code de procédure civile sur les actions possessoires.

Elles ne seront d'abord recevables qu'autant qu'elles auront été formées dans l'année du trouble par ceux qui, depuis une année au moins, étaient en possession paisible par eux ou les *leurs*, à titre non précaire (art. 23). Ces dispositions ne sont que la reproduction des anciens principes sur la matière; la possession requise doit renfermer tous les caractères voulus par les art. 2229 et 2228 du Code civil. Par le mot trouble on doit entendre, non-seulement une voie de fait, mais aussi une dénégation judiciaire. — Il ne faut pas perdre de vue que pour qu'il y ait lieu à l'exercice de l'action possessoire, il faut que la chose possédée soit susceptible d'être acquise par la prescription, c'est-à-dire par la continuation de la possession durant le temps fixé par la loi.

Les immeubles et les droits réels qui y sont attachés sont les seuls biens sujets à cette action; elle n'a donc pas lieu pour les meubles, puiqu'en fait de meubles la possession vaut titre (art. 2279 du Code civil).

Si devant le juge de paix la possession ou le trouble sont déniés, l'enquête ordonnée par ce magistrat ne pourra porter sur le fonds du droit (art. 24 du Code de procédure civile).

La pensée du législateur est visible dans ces prescriptions; il a voulu que le juge de paix se bornât à l'examen de la possession annale: c'est là l'unique fait qu'il a soumis à ses investigations; il lui a interdit d'examiner les titres en ce qui concerne la propriété, que toutefois il ne lui défend pas de consulter pour apprécier, dans certains cas, le caractère de la possession.

Le juge de paix ne doit pas rechercher si la possession est juste ou non; en un mot, il ne doit nullement considérer le fonds du droit, c'est-à-dire les faits ou pièces qui ne seraient utiles que pour la décision du *pétitoire*, dont la connaissance est réservée à une autre juridiction (celle des tribunaux civils de première instance).

La présomption de propriété attachée à la possession doit céder à la preuve du droit de propriété réclamé contre le possesseur. La revendication de ce droit de propriété constitue l'action *pétitoire*, par laquelle le propriétaire d'un fonds ou d'un droit réel attaché au fonds, agit contre celui qui possède l'un ou l'autre, à l'effet d'en être déclaré propriétaire.

Le Code de procédure consacre textuellement le principe que « le possessoire et le pétitoire ne seront jamais cumulés (art. 25).» Ces deux actions, en effet, sont essentiellement distinctes et indépendantes l'une de l'autre, et soumises à des juges différents, ainsi qu'on vient de le voir : aussi les jugements rendus au possessoire sont-ils sans autorité sur la chose à juger au pétitoire, et des faits peuvent être déclarés faux par le juge du pétitoire, quoiqu'ils aient été déclarés vrais par le juge du possessoire (Voy. arrêt de la cour de cassation, du 17 février 1809).

Le demandeur au pétitoire ne sera plus recevable à agir au possessoire, dit l'art. 26 du Code de procédure. Cette disposition est motivée sur ce que l'on tient pour principe incontestable que celui qui se pourvoit au pétitoire est de droit présumé avoir renoncé aux droits qu'il eût pu faire valoir au possessoire, et reconnu la possession de son adversaire.

Mais le défendeur au pétitoire pourrait se pourvoir au possessoire; l'art. 26 ne s'y oppose pas; d'ailleurs, le défendeur pourrait invoquer à bon droit la maxime : *Spoliatus antè omnia restituendus.*

Le défendeur au possessoire ne pourra se pourvoir au pétitoire qu'après que l'instance sur le possessoire aura été terminée : et s'il succombe dans cette instance, il ne pourra se pourvoir (au pétitoire) qu'après qu'il aura pleinement satisfait aux condamnations prononcées contre lui (art. 27 du Code de procédure civile). Mais la loi a dû prévoir que la partie qui a obtenu ces condamnations pourrait, soit par négligence, soit à dessein, être en retard de les faire liquider, et dans cette prévision elle a voulu que le juge du pétitoire pût fixer pour cette liquidation un délai, après lequel l'action au pétitoire sera reçue (même article du même Code).

Ces dispositions ne s'opposent pas, toutefois, à ce que le demandeur au possessoire agisse au pétitoire avant que l'instance par lui introduite au possessoire soit terminée, soit qu'il abandonne cette action par un désistement, soit qu'il en ait été débouté par un jugement. Ce désistement est indispensable, parce que sans lui le juge de paix n'étant pas dessaisi du possessoire, il y aurait cumulation des deux actions.

Il est à remarquer que le Code de procédure civile ne fait aucune différence, en matière d'action possessoire, entre la *complainte* et la *réintégrande*, soit quant aux règles de la compétence, soit quant aux formalités de la procédure; mais l'art. 2060 du Code civil disposant que la partie condamnée sur une instance est réintégrande, est sujette à la contrainte par corps pour le

délaissement, ordonné par la justice, d'un fonds dont le propriétaire a été dépouillé par voie de fait, ainsi que pour la restitution
de fruits perçus pendant l'indue possession, et pour les domma-
ges et intérêts adjugés au propriétaire, il en résulte, observe
M. Carré, que la distinction dont il s'agit produit encore quelques effets légaux; et par conséquent on doit la conserver dans
la doctrine.

On peut se pourvoir par appel contre les sentences des juges
de paix rendues sur les actions possessoires : cet appel est porté
devant les tribunaux de première instance.

DROIT ADMINISTRATIF.

QUE FAUT-IL ENTENDRE PAR LE PRINCIPE DE LA DIVISIBILITÉ DES COMPÉTENCES ADMINISTRATIVES ET JUDICIAIRES.

Tout incident qui naitdevant une des autorités administrative ou judiciaire à l'occasion d'une contestation dont elle est saisie, doit être renvoyé à l'instant même à l'autre autorité, si cet incident est de la compétence de cette dernière : telle est la proposition qui renferme le principe de la divisibilité des compétences administratives et judiciaires. Mais avant de parcourir les développements, jetons un coup d'œil rapide sur la séparation des deux pouvoirs, qui en est la source.

« La séparation des pouvoirs, dit notre savant professeur, est « à mes yeux un dogme constitutionnel d'un ordre aussi élevé « que la liberté individuelle et les principes d'égalité: il ne suffit « pas d'être libres et égaux; il faut que le pouvoir, qui nous re- « présente tous, qui surveille les actions individuelles dans l'in- « térêt de tous, soit fort, énergique et libre, aussi lui, dans ses « mouvements et son action. » Voilà les principes de la sépara- tion des pouvoirs posés, et tels que l'assemblée constituante les a gravés dans la loi du 24 mai 1790. Le premier besoin de la société est que l'autorité administrative soit indépendante de l'autorité judiciaire, ayant chacune une sphère d'action diffé- rente. Il faut, en outre, qu'il n'appartienne pas à l'un des pou- voirs de troubler l'autre dans son action ; car le jour où les deux pouvoirs viendraient à se heurter, serait la veille de la ruine du corps social. Il faut, enfin, le respect de la chose jugée, émanant de l'un des pouvoirs, par l'autre pouvoir: en effet, le principe est éminemment conservateur et consacré par le temps. Chez les Romains n'avait-on pas adopté cette maxime: *Res judicata pro veritate habetur?*

De la séparation des pouvoirs nous tirerons aisément trois conséquences: la *première,* que lorsqu'une contestation de la compétence exclusive de l'un des pouvoirs est portée devant l'autre pouvoir, celui-ci doit refuser d'en connaître, et renvoyer même d'office les parties devant l'autorité compétente.

La *seconde ,* que tout incident qui naît devant une des autorités, à l'occasion d'une contestation dont elle est saisie, doit être renvoyé à l'instant même à l'autre autorité, si cet incident est de la compétence de cette dernière : c'est ce que nous appelons la divisibilité de compétence, qui fait l'objet de notre thèse.

La *troisième,* c'est qu'aucune autorité, aucun particulier n'a le droit de troubler ni de modifier l'économie de ces compétences, qui se rattache à l'équilibre de la société.

La deuxième de ces trois conséquences doit seule nous occuper: elle est, il est vrai, une déduction de la première; car si l'un des pouvoirs est obligé par la loi de renvoyer la contestation s'il est incompétent, il doit en agir de même pour ce qui concerne l'incident, en vertu du viel adage: *Ubi lex non distinguit, nec nos distinguere debemus.*

De plus , du principe que l'incompétence de chacune des autorités est matérielle et d'ordre public, il suit encore qu'un évènement ou incident ne peut étendre ou modifier leur compétence et l'attribuer momentanément, accidentellement de l'une à l'autre autorité.

Lors donc qu'une contestation judiciaire fait naître un incident du domaine du pouvoir administratif, l'instruction est arrêtée, non pas que l'autorité judiciaire doive se dessaisir, mais elle doit surseoir.

Une même affaire présente-t-elle à juger deux questions principales, l'une administrative, l'autre judiciaire : la compétence se divise ; la première de ces questions doit être portée devant l'autorité administrative, et la seconde devant les tribunaux.

A l'aide de quelques exemples nous éclaircirons les principes de divisibilité de compétence :

1.° L'autorité administrative est saisie d'une contestation relative à un marché passé par l'État. Le fournisseur présente une pièce qu'il prétend être émanée du ministre; le ministre prétend que cette pièce est fausse: le faux est un incident purement civil, quelquefois même criminel; l'autorité administrative surseoit à statuer.

2.° L'autorité administrative est chargée de réprimer les contraventions de grande voirie, d'ordonner la destruction des ouvrages qui nuisent à la circulation; mais à l'autorité judiciaire est réservé le droit de prononcer, pour délits et voies de faits, des peines corporelles ou des dommages-intérêts.

En matière administrative, comme en matière civile ordinaire, la garantie ne doit pas être portée devant le tribunal compétent sur le fond, mais incompétent à l'égard du garant. Ainsi, l'adjudicataire ne pourra pas appeler devant les tribunaux administratifs son sous-traitant, qui ayant fourni du mauvais fer est passible de malfaçons.

Assez d'exemples. Les principes sont assez évidents par eux-mêmes.

Aussi rigoureux que puissent être ces principes, ils souffrent cependant de nombreuses exceptions; en droit administratif, ces exceptions prennent le nom de déclassement. Mais ce n'est qu'à la loi, à la loi seule, qu'il est permis de décider que telle matière judiciaire sera jugée par les tribunaux administratifs, et que telle matière administrative sera jugée par les tribunaux judiciaires. Il en est de même des incidents qui surgissent pendant une contestation : ils peuvent subir un déclassement par l'effet de la loi.

CODE DE COMMERCE.

SOCIÉTÉ EN NOM COLLECTIF.

(Titre III, livre 1.er)

Le Code civil, dans les art. 1832 et 1833, définit la société:
« Un contrat par lequel deux ou plusieurs personnes conviennent
de mettre, chacune de leur côté, quelque chose en commun
pour un objet licite, et dans la vue d'en partager le bénéfice; »
plus loin, le même Code distingue deux sortes de sociétés: l'une
qu'il nomme universelle, et l'autre particulière; enfin, dans l'art,
1842, il nous fait assez clairement connaître que les sociétés
commerciales sont de la seconde espèce. Passons à la société en
nom collectif, l'objet de notre thèse; mais avant, observons que
le contrat de société se règle par le droit civil, par les lois particulières au commerce, et par les conventions des parties.

La société en nom collectif est celle que contractent deux personnes ou un plus grand nombre, et qui a pour objet de faire le
commerce sous une raison sociale: cette société se forme par le
seul consentement; mais la preuve ne peut se faire que par écrit.

La société commerciale ne crée pas seulement des rapports
d'associé à associé: elle forme, à l'égard des tiers, une autre personne, un être moral dont l'existence est notifiée au public par
extrait de l'acte de société, conformément aux art. 42 et 43 du
Code de commerce. Cette notification doit contenir ce qui peut
intéresser les tiers; savoir:

1.° Le nom des associés ;

2.° La raison sociale ;

3.° La désignation des administrateurs ;

4.° Enfin, les époques où la société doit commencer et finir. Et remarquons que les formalités indiquées par les articles que je viens de citer sont prescrites à peine de nullité, et que si les associés veulent opposer aux tiers le défaut d'extrait, ceux-ci pourront prouver de toutes les manières, même par témoins, l'existence de la société ; car, en effet, il ne serait pas juste que des tiers fussent privés de prouver contre des sociétaires qui ne se sont pas conformés à la loi, qu'il a existé une société entre eux.

Nous savons qu'une société en nom collectif est réputée personne civile, et qu'elle est douée de la capacité de s'obliger et d'obliger les autres envers elle. Elle a un nom qui lui est propre : c'est *la raison sociale* ; mais qui peut faire partie de la *raison sociale*? ce ne peut être que les associés. Chacun des membres de la société a le pouvoir de gérer et d'administrer les affaires de la société, à moins qu'un seul ou plusieurs d'entre eux aient été délégués par la société pour cet objet, et cette délégation peut se faire à terme ou à condition, ou purement et simplement.

Les associés qui n'ont fait cette délégation ni pour le tout ni pour partie, sont censés, suivant l'art. 1859 du Code civil, s'être donné respectivement le pouvoir d'administrer, d'agir, vendre, acheter, recevoir, payer, etc. Ce que chacun fait dans ces différents cas, oblige solidairement pour le tout chacun de ses co-associés, pourvu qu'il ait contracté ou agi sous la raison sociale ; et cette solidarité (qu'ont établie les art. 1802 et 22 du Code de commerce) a lieu lors même que l'associé n'aurait eu aucune autorisation de la part des autres, et qu'il n'en serait résulté aucun profit pour la société; mais il faut, comme il a été dit plus haut, que l'engagement ait été contracté sous la raison sociale. La solidarité est tellement appropriée au caractère de la société en nom collectif, qu'il ne paraît pas qu'on puisse y déroger par une convention quelconque.

Mais si l'engagement est pris par un associé, sous son nom personnel, je crois qu'il faut distinguer, comme le dit très-bien notre savant professeur, le cas où: 1.º la société a ratifié l'engagement; 2.º et le cas où elle en a profité directement ou indirectement: nous pensons que dans ce cas on doit appliquer la maxime : *Nemo completior cum jacturâ alterius fieri non potest.*

Quant aux délibérations de la société, il n'est pas douteux que les voix doivent se compter par tête et non par mises de fonds, et que les décisions doivent être prises à la majorité simple; s'il n'y a pas de majorité en faveur d'aucune opinion, il n'y a pas de résolution possible; mais s'il y a nécessité absolue de prendre un parti ou d'agir, faut-il croire qu'on aurait toujours la ressource de faire prononcer en justice la dissolution de la société?

Les moyens ordinaires de dissolution de la société sont communs à la société en nom collectif. Certaines causes produisent de plein droit la dissolution de la société; et ajoutons que parmi ces causes presque toutes ne produisent cet effet, à l'égard des tiers, qu'autant qu'elles leur ont été dûment notifiées, conformément aux art. 42 et 46 : il nous suffira d'indiquer les causes qui produisent de plein droit la dissolution des sociétés, et de dire que les autres causes sont laissées à l'appréciation des tribunaux.

La dissolution a lieu de plein droit:

1.º Par le consentement mutuel;

2.º La consommation de la négociation;

3.º L'expiration du temps pour lequel la société a été contractée;

4.º La volonté que manifestent un seul ou plusieurs associés de n'être plus en société;

5.º La mort naturelle;

6.º La mort civile, l'interdiction, la déconfiture ou la faillite.

Cette Thèse sera soutenue le   Novembre 1844, dans une des Salles de la Faculté.

Vu par le Président de cette Thèse :

CHAUVEAU-ADOLPHE.

Montauban, Imp. de FORESTIÉ Fils et Neveu, Place royale.

BIBLIOTHÈQUE ROYALE

www.ingramcontent.com/pod-product-compliance
Lightning Source LLC
Chambersburg PA
CBHW032256210326
41520CB00048B/4307